Heinrich Bauregger

LEICHTE WANDERUNGEN

in den bayerischen Voralpen

südwest

Inhalt

Am Kampenwandhaus beginnt der Übergang zur Steinlingalm.

Folgende Doppelseite: Auf dem Höhenweg zwischen Hohljoch und Falkenhütte.

Nützliche Tipps für unterwegs

Eine gute Planung, funktionelle Ausrüstung sowie das nötige Basiswissen über das richtige Verhalten im Gebirge sind die Grundlage für gelungene Ausflüge in die Berge. Das gilt auch für kurze und leichte Wanderungen.

Die Berge zwischen Chiemsee und Füssen, zwischen der österreichischen Grenze und dem im Norden ausklingenden Vorgebirge sind relativ leicht erreichbar – obwohl es schon mal zu Staus auf den Zufahrtsstraßen kommt –, und sie bieten für jeden etwas: von der beschaulichen Almwanderung bis hin zum leichten Gipfelziel. Alle empfohlenen Routen stellen so genannte Normalwege vor, d. h. die leichteste bzw. schönste Wegstrecke.

Für diejenigen, die nicht mehr so gut zu Fuß sind oder einfach nicht so viel Zeit haben, werden einige schnelle Seilbahngipfel vorgestellt: Gipfel, bei denen sich die Bergstation gleich in Gipfelnähe befindet und die zu einer Wanderung bergab einladen, oder Gipfel, bei denen die Tour durch diese Aufstiegshilfe wesentlich erleichtert wird.

Anfahrt

Jede der hier vorgeschlagenen Touren ist natürlich mit dem Auto erreichbar. Es wird jeweils die schnellste Zufahrt mit Angabe des Parkplatzes vorgestellt. Mehr als die Hälfte der beschriebenen Touren ist jedoch auch gut mit öffentlichen Verkehrsmitteln (Bahn und Bus) gut zu erreichen (z. B. mit der Oberlandbahn, dem Werdenfels-Takt und regionalen Expresszügen). Auch hier finden Sie in der Toureninfo die entsprechenden Hinweise.

Anforderungen

In diesem Band werden nur Wanderrouten vorgestellt, die mit dem Prädikat »leicht« versehen werden können, d. h., sie führen über gut instand gehaltene Wege und Steige, sind in der Regel ausgeschildert oder markiert. Nur einige wenige Routen erfordern

Die beliebte Kranzhornalm liegt in einer windgeschützten Mulde.

steigt dann zur Kranzhornalm ab. Der Rückweg erfolgt auf dem Anstiegsweg, wobei man nun dem Fahrweg abwärts folgt und bei der dritten Kurve links zum Abstiegsweg nach Windshausen einbiegt.

Anfahrt Mit PKW: Salzburger Autobahn (A 8) bis Inntaldreieck und weiter Richtung Innsbruck, Ausfahrt Brannenburg/Degerndorf, rechts nach Nußdorf und dort wiederum rechts weiter nach Windshausen. Kurz nach dem Ortsschild links in die Sackstraße und dieser 500 Meter bis zum Ende folgen. Dort Wanderparkplatz. Mit Bahn/Bus: Mit der Bahn bis Rosenheim und von dort mit dem RVO-Bus (nur bis Nußdorf).

Zeit Windshausen – Kranzhornalm 2 Std., Abstecher zum Kranzhorn 40 Minuten, Abstieg zum Ausgangspunkt 1 1/4 Std.; insgesamt 4 1/4 Std.

Charakteristik Leichte Wanderung auf schattigem, ausgeschildertem Wirtschaftsweg bis zur Kranzhornalm. Zum Gipfel auf Bergweg, die letzten Meter Vorsicht, Seilsicherung. Höhenunterschied: 850 Hm.

Einkehr Kranzhornalm, 1220 m (von Anfang Mai bis Ende Oktober durchgehend bewirtschaftet).

Karte TK 1:50 000 Chiemsee – Chiemgauer Alpen (BLVA)

4 Steinbergalm (1318 m)

Auf dieser Wanderung geht es zur größten Almsiedlung im Kaisergebirge mit Blick auf die Felswände der Ellmauer Halt, des Scheffauer und des Treffauer, denen man nach der Auffahrt mit dem Wilder-Kaiser-Sessellift frontal gegenübersteht.

Falls es nicht gerade Hochsommer ist, sollte man sich bei der Auffahrt in zwei Sektionen zum Brentenjoch (1273 m) nicht allzu leicht anziehen, denn es kann frisch werden.

Gleich nach dem Aussteigen aus dem Sessellift gibt es einen überraschenden Augenblick: den Anblick der steilen Nordwände des Kaisergebirges. Diese Felsgipfel immer im Blick wandert man zuerst rechts, dann in einem Linksbogen hinab zur Brentenjochalm (Brotzeitmöglichkeit) und folgt dann dem Sandsträßchen hoch über dem Gaisbachtal. Zunächst wandert man leicht absteigend, dann wieder leicht ansteigend in das Talende mit dem etwas kuriosen Namen »In der Antalau«.

Der direkte Zugang zur Steinbergalm über den Gaisbach ist heute nicht mehr möglich, da die alte Brücke vor kurzem abgerissen wurde. Man bleibt also auf der linken Bachseite, passiert nach der Wegverzweigung einen Stadel und gelangt über eine weit ausge-

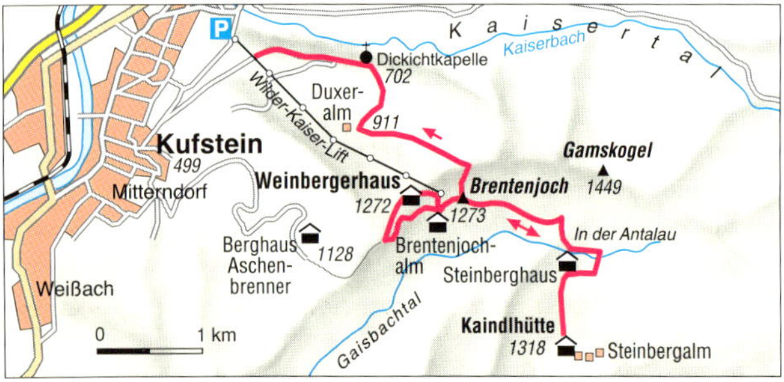

legte Rechtskurve auf die andere Talseite. Nun geht es weiter auf dem Almfahrweg und in weitem Linksbogen durch Almwiesen zur Steinbergalm mit seinen zahlreichen Hütten, der Kapelle und der gemütlichen Kaindlhütte. Die Rückkehr erfolgt auf dem Anstiegsweg.

Variante

Falls man den Sessellift bergab nicht mehr benutzen will, kann man vor Erreichen der Brentenjochalm bei einem Durchstich nach rechts dem Fahrweg hinab ins Tal folgen (ausgeschildert). Der Abstiegsweg führt über die Duxeralm (911 m) zur Mittelstation, dann rechts haltend über die Dickichtkapelle (702 m) hinab zum Parkplatz an der Talstation.

Tipp

Die Festung Kufstein lohnt einen Besuch, nicht zuletzt wegen der größten Orgel der Welt, der Heldenorgel, die sich im Burgturm befindet. Die Spielzeiten sind um 12 und um 18 Uhr.

Anfahrt Mit PKW: Salzburger Autobahn (A 8) bis Inntaldreieck, dann weiter Richtung Innsbruck bis Ausfahrt Kufstein Nord (mautfrei); nach der Abfahrt rechts Richtung Stadtmitte, bis die Route zur Talstation des Wilder-Kaiser-Lifts ausgeschildert ist. Dort gebührenpflichtiger Parkplatz. Mit Bahn/Bus: Mit der Bahn bis Kufstein, dann mit dem Ortsbus zur Talstation des Wilder-Kaiser-Lifts. Oder dorthin zu Fuß.

Zeit Bergstation – Kaindlhütte 1 1/2 Std. (von der Talstation zu Fuß 2 1/2 Std.). Rückweg etwa gleiche Gehzeit; insgesamt 3 Std.

Charakteristik Leicht. Von der Bergstation bis zur Steinbergalm breiter, unbefestigter Fahrweg mit steileren Abschnitten. Ohne Schwierigkeit. Höhenunterschied: etwa 250 Hm im Anstieg wie im Abstieg.

Einkehr/Unterkunft Kaindlhütte, 1318 m (privat, von Anfang Mai bis Allerheiligen durchgehend bewirtschaftet, 16 Betten, 18 Lager; Tel. 0043/664/5304882). Brentenjochalm, 1240 m (im Sommer Getränke und Brotzeit). Liftstüberl an der Talstation.

Karte Freytag&Berndt-Wanderkarte Nr. 301, 1:50 000 Kufstein – Kaisergebirge – Kitzbühel.

---

5 Ellmauer Tor (1980 m)

Ausflug ins wilde Kaisergebirge mit seinen Felsschluchten und steil aufragenden Gipfeln. An unserem Weg liegt die traditionsreiche Gaudeamushütte, Ziel ist das Ellmauer Tor, die Aussichtswarte nach Süden und Norden.

Vom Parkplatz bei der Wochenbrunner Alm folgt man dem breiten Hüttenfahrweg (Weg-Mark. Nr. 812) zunächst durch Wald, dann über steile Almwiesen hinauf zur Gaudeamushütte, die sich am Rande des Kübelkars befindet, das sich von dort bis hinauf zum Ellmauer Tor erstreckt. Von der einladenden Hütte wandert man weiter links haltend über Bergwiesen und durch Strauchwerk zu den Latschenfeldern, die das Kübelkar nach unten begrenzen. Dort über eine Geländestufe ins Kar. Von links mündet hier der Weg von der Gruttenhütte ein. Nun über die weiten Schuttströme – an einer Stelle drahtseilgesichert – hinauf zum weiten Ellmauer Tor. Links ragen die Karlspitzen und rechts die beiden Goinger Halten auf. An dieser Stelle lässt sich gut rasten – und in der Regel wird man hier auch nicht allein sein. Direkt am weiten Tor führt rechts der steile, aber gut begehbare Steig hinauf zur Hinteren Goinger Halt hinauf, die aber nur versierten Bergwanderern vorbehalten ist.

Tipp

In Ellmau befindet sich das neue Kaiserbad mit Kinderbecken, Wasserkanone, Schwalldusche und Breitwasserrutsche, nebenan gibt es – für schlechte oder kühle Tage – ein Erlebnis-Hallenbad mit Kletterwand, Wasserrutschen und »Wasserpilz«.

Anstieg von der Gaudeamushütte durchs Kübelkar zum Ellmauer Tor.

Anfahrt Mit PKW: Salzburger Autobahn (A 8) bis Inntaldreieck, Richtung Innsbruck bis Ausfahrt Kufstein Süd (mautfrei), weiter nach Ellmau. Links Mautstraße zur Wochenbrunner Alm (1087 m). Wanderparkplatz.

Zeit Wochenbrunner Alm – Gaudeamushütte 1/2 Std., weiter hinauf bis zum Ellmauer Tor 2 Std.; Abstecher auf die Hintere Goinger Halt etwa 1 Std., Abstieg zum Parkplatz 1 3/4 Std.; insgesamt 5 1/4 Std.

Charakteristik Mittel. Zur Gaudeamushütte führt ein breiter Wanderweg; der Anstieg zum Ellmauer Tor verläuft auf angelegtem Steig (eine Stelle mit Drahtseilen). Trittsicherheit ist also erforderlich, nicht bei Nässe begehen. Höhenunterschied: 993 Hm im Anstieg wie im Abstieg.

Einkehr/Unterkunft Wochenbrunner Alm, 1087 m (ganzjährig bewirtschaftet, 30 Betten; Tel. 0043/5358/2180). Gaudeamushütte, 1267 m (bew. Mitte Mai bis Mitte Oktober, 15 Betten, 50 Lager; Tel. 0043/5358/2262).

Karte Freytag&Berndt-Wanderkarte 301, 1:50 000 Kufstein – Kaisergebirge – Kitzbühel.

6 Wendelstein (1838 m)

Der Anstieg aus dem Jenbachtal bürgt für relative Abgeschiedenheit und Abwechslung abseits der Bergbahnen. Und am Gipfel warten ein paar Überraschungen: ein Kircherl, eine Eishöhle und eine Wetterstation.

Vom Parkplatz im Jenbachtal folgt man dem Wirtschaftssträßchen noch ein Stück weiter talein – vorbei an der bewirtschafteten Wirtsalm – bis zum Talschluss. Dort links über ein Brückerl, sodann gleich wieder rechts und bis zum Ende des Fahrwegs.

Erst leicht ansteigend auf gutem Weg weiter, erneut über eine Bachbrücke, dann steiler bergan

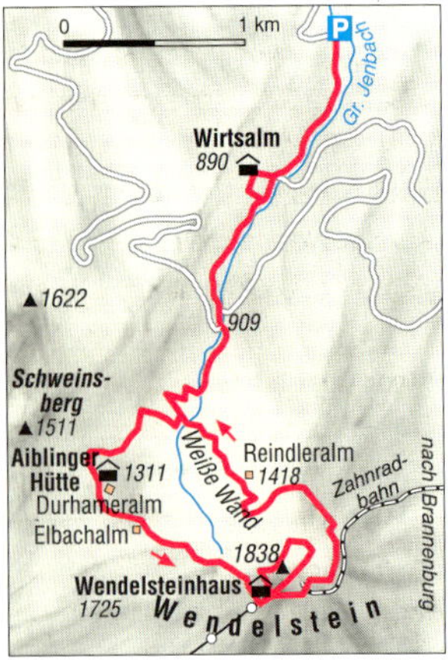

bis zu einer Wegverzweigung. Rechts führt der Weg nun weiter in Serpentinen durch Wald und hinauf zur Aiblinger Hütte am Rande der Almwiesen. Dort links haltend über die Bergwiesen zur Durhameralm und weiter bis zum Ende des Almbodens.

Ein steiler Steig führt von dort hinauf zur Elbachalm, wo man auf den von der Kesselalm herüberführenden Weg trifft. Der Weiterweg folgt nun links dem Verbindungskamm bis an den Fuß des Gipfelaufbaus. Bei der Wegverzweigung (Einmündung des Anstieges von Brannenburg) rechts bis unter die Trasse der Wendelsteinseilbahn und links steil in Serpentinen hinauf zum Wendelsteinhaus mit der Bergstation und dem Kircherl. Der Gipfelanstieg erfolgt dann auf gesichertem Felsensteig. Wer will, kann den Gipfel auch noch auf einem aussichtsreichen Steig umrunden.

Vom Wendelsteinhaus führt rechts der Wanderweg am Gipfel vorbei hinab in ein Kar (links der Eingang zur Eishöhle), dann links unter dem Gleis der Zahnradbahn hindurch und steil durch Geröll hinab zu den Reindleralmen. Bei der Wegverzweigung hält man sich links (rechts beginnt der Fahrweg nach Brannenburg) und wandert eben auf Steig durch Wald, bis nach 10 Minuten der steile Abstieg über die bewaldete »Weiße Wand« abzweigt. In steilen Serpentinen hinab in Richtung Jenbachtal, wo man auf den Anstiegsweg zur Aiblinger Hütte trifft; auf diesem talwärts und zurück zum Parkplatz.

Tipp

Bad Feilnbach hat ein Freibad und ist bekannt für seinen Reichtum an Zwetschgen, die u. a. zu Hochprozentigem verarbeitet werden.

Anfahrt Mit PKW: Salzburger Autobahn (A 8) bis Ausfahrt Bad Aibling, dann auf der Landstraße nach Bad Feilnbach. In der Ortsmitte in die Wendelsteinstraße und weiter bis zum Ende der Fahrstraße (Maut); dort Wanderparkplatz (840 m). Mit Bahn/Bus: Mit der Bahn bis Bad Aibling, dann mit dem RVO-Bus weiter bis Bad Feilnbach. Von dort zu Fuß (1 1/2 Std. Gehzeit bis zum Parkplatz im Jenbachtal).

Zeit Parkplatz – Aiblinger Hütte 1 1/2 Std., Aiblinger Hütte – Wendelsteinhaus 1 Std., Wendelsteinhaus – Gipfel 1/2 Std., Abstieg über die Reindlerscharte 3 Std.; insgesamt 6 Std.

Charakteristik Mittel. Zu Beginn Wirtschaftswege, dann leichte Bergwanderwege und Pfade. Am Gipfelaufbau des Wendelsteins breiter und mit Geländer gesicherter Felsenweg. Abstieg Bergwanderwege. Höhenunterschied 1000 Hm im Anstieg.

Einkehr/Unterkunft Wirtsalm, 890 m (von Mai bis Ende Oktober bewirtschaftet). Aiblinger Hütte, 1311 m (AV-Hütte, Selbstversorgerhütte, von Mitte März bis Ende September Samstag ab 14 Uhr bis Sonntag 16 Uhr geöffnet, Getränkeausgabe, 45 Lager). Wendelsteinhaus, 1725 m (ganzjährig bewirtschaftet, keine Übernachtung).

Karte TK 1:50 000 Mangfallgebirge (BLVA).

7 Ruine Hohenwaldeck (970 m)

Ein schöner Abstecher zu einer im Wald versteckten mittelalterlichen Burgruine mit aussichtsreichem Tiefblick auf den Schliersee und eine autofreie Abschlussrunde über das Westufer des Sees.

Von der Ortsmitte von Schliersee bzw. vom Bahnhof wandert man zunächst hinab zum See und folgt links dem Uferweg entlang in Richtung Fischhausen bis zum Strandbad von Schliersee. Dort folgt man am oberen Ende des Parkplatzes links dem gesperrten Fahrweg durch einen Wiesenhang in Richtung Oberleiten.

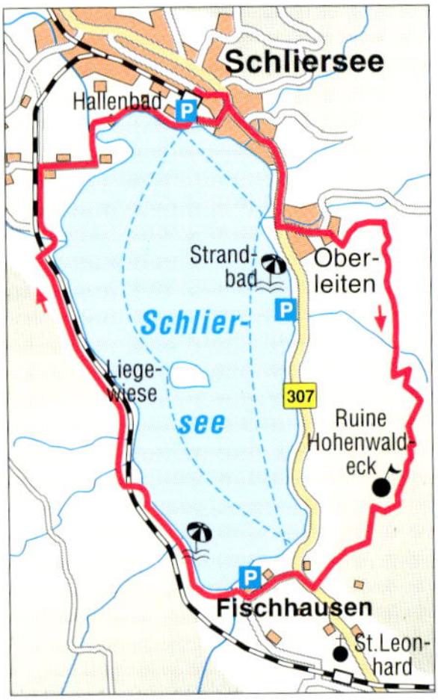

Kurz vor dem Oberleitenhof zweigt rechts ein Wiesenweg ab (Mark.-Nr. W 6). Eine Tafel weist dort bereits »Zur Ruine Hohenwaldeck«. Nun leicht ansteigend zum Waldrand, dann ebenfalls leicht ansteigend auf Fahrweg weiter, bis links ein Steig abzweigt (Wegtafel). In Kehren durch Wald hinauf bis zu einem Sattel, dann leicht fallend auf Bergsteig in 10 Minuten zu der im Wald versteckten Burgruine. Der Verfall der Burg setzte schon im 15. Jahrhundert ein, ein Bergsturz half dabei noch ein bisschen nach. Aber auch heute noch sind deutliche Mauerreste erhalten. Hier bietet sich ein schöner Tiefblick auf den See. Von hier führt dann ein steiler Steig in einer Viertelstunde hinab nach Fischhausen, wo Einkehrmöglichkeiten bestehen.

Anschließend gehen wir zu den Bootshütten am See hinab und folgen links dem breiten Uferweg (einige schöne Badestellen), parallel zur Bahnlinie, kreuzen diese dann, wandern bald durch Wald und queren schließlich am Campingplatz Lido erneut die Gleise. Wir folgen links einem asphaltierten Weg und steigen den Freudenberg hinauf, gehen jenseits wieder hinab und folgen dem rechts abzweigenden breiten Weg, der um die Sportanlage herum in Richtung Kirche führt, dann rechts über ein Brücklein und zurück in die Ortsmitte von Schliersee.

Tipp

Das Schlierseer Heimatmuseum in der Lautererstraße befindet sich in einem alten Bauernhaus aus dem 15. Jahrhundert und kann z.B. mit einer Original-Rauchkuchl aus eben dieser Zeit aufwarten. Öffnungszeiten: Mitte Mai – Ende September Di – Fr 16 – 18 Uhr, Sa 10 – 12 Uhr, Juli bis September auch So 10 – 12 Uhr.

Reste der Ruine Hohenwaldeck liegen versteckt unter Bäumen.

Anfahrt Mit PKW: Salzburger Autobahn (A 8) bis Ausfahrt Weyarn, dann über Miesbach nach Schliersee. Parkmöglichkeiten im Ort und entlang der Seefront in Richtung Fischhausen. Mit der Bahn: Mit der Oberlandbahn bis zum Bahnhof Schliersee.

Zeit Schliersee – Ruine Hohenwaldeck 1 1/2 Std., Abstieg und Rückkehr nach Schliersee 1 3/4 Std.; insgesamt 3 1/4 Std.

Charakteristik Leicht. Wanderung auf leichten Bergwanderwegen und Bergpfaden sowie auf Wirtschaftswegen, zum Teil durch Wald. Höhenunterschied: 240 Hm im Anstieg wie im Abstieg.

Einkehr/Unterkunft Gasthäuser im Ort Schliersee und in Fischhausen.

Karte TK Mangfallgebirge 1:50 000 (BLVA).

---

8 Rotwand

Ein ganzjährig bewirtschaftetes Haus, ein leichter Gipfel und zum Auftakt eine bequeme Gondelbahn, die Höhenmeter spart – kein Wunder, die Rotwand ist immer in.

Von der Bergstation der Taubensteinbahn (1611 m) zuerst auf felsigem Steig hinauf zum Sattel hinter dem Taubenstein (Abstecher zum Gipfel für Trittsichere möglich). Dann nur mäßig ansteigend in südwestlicher Richtung durch freies Gelände (links sieht man den Klotz des Hochmiesing) bis zum Fuß des Lempersbergs, den man unterhalb seiner Kammlinie quert. Ein Stück abwärts, dann wieder hinauf zum Kirchsteinsattel. Dort ist bereits das Rotwandhaus zu sehen. In weitem Bogen hinüber zum Alpenvereinshaus.

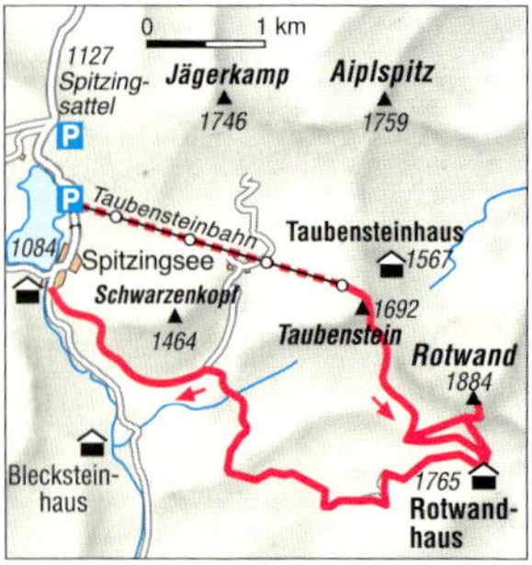

Der Gipfelanstieg beginnt am Haus und ist in voller Länge einsehbar. Man kann jedoch direkt vom Sattel auf schönem Höhenweg zum Gipfelweg queren und dann erst zum Haus absteigen. Der einfachste Abstiegsweg verläuft vom Rotwandhaus über die Wildfeldalm hinab zum Spitzingsee; am Seeufer zurück zur Talstation der Taubensteinbahn.

Tipp

Wer in der Alten Wurzhütte am Spitzingsee einkehrt, bekommt zwar nicht mehr viel vom Flair der früheren Bergsteigerzeit mit, aber eine Remineszenz gibt es durchaus noch. Vor dem Bau der diversen Gasthäuser am Spitzingsee war die Wurzhütte nämlich *die* Einkehrstelle für Bergwanderer. Ihren Namen hat sie von der Branntweinhütte, die ursprünglich hier stand und in der der bei Bergwanderern beliebte »Hochwurzene« gebrannt wurde.

Panoramablick über das Rotwandhaus zum Hinteren Sonnwendjoch.

Anfahrt Mit PKW: Salzburger Autobahn (A 8) bis Ausfahrt Weyarn, über Miesbach und Schliersee Richtung Bayerischzell, dann rechts ab auf die Spitzingseestraße und bis zur Talstation der Taubensteinbahn. Mehrere Parkplätze. Mit Bahn/Bus: Mit der Oberlandbahn bis Neuhausen-Fischhausen, dann weiter mit dem RVO-Bus zum Spitzingsee.

Zeit Bergstation – Rotwandhaus 1 1/4 Std., Gipfelanstieg 1/4 Std., Abstieg nach Spitzingsee 2 1/4 Std.; insgesamt 3 3/4 Std.

Charakteristik Leicht. Höhenweg und Gipfelanstieg bequeme Wanderwege, Abstieg nach Spitzingsee Almfahrweg. Höhenunterschied: 273 Hm im Anstieg, 800 Hm im Abstieg.

Einkehr/Unterkunft Restaurant in der Bergstation der Taubensteinbahn. Rotwandhaus, 1765 m (AV-Hütte, ganzjährig bewirtschaftet, Nov. bis Mitte Dez. geschlossen, 34 Betten, 80 Lager; Tel. 08026/7683).

Karte TK 1:50 000 Mangfallgebirge (BLVA).

9 Tegernsee – Schliersee

Eine abwechslungsreiche Wanderroute verbindet die beiden Seen im Oberland – mit Einkehrmöglichkeiten auf der Neureuth und der Gindelalm.

Durch die Bahnhofstraße und die Neureuthstraße geht es zuerst zur Volkshochschule, wo rechts der steile Treppenweg zur Klinik Westerhof beginnt. Auf Fahrstraße weiter bis zum Waldrand, dann links auf dem Westerhofweg steil bergan. Bald münden der alte Sommerweg und der Bayernweg in die Route ein. Diese Wege können auch als Anstiegsweg benutzt werden; man achte im Ort auf die jeweilige Ausschilderung.
Ein Stück weiter unterhalb der Neureuth tritt man aus dem Wald heraus auf eine Bergwiese und steigt auf Wiesenweg den Kamm hinauf zur bereits sichtbaren Gastwirtschaft mit der kleinen Kapelle nebenan. Von dort folgt man dem ausgeschilderten Weg ostwärts durch Wald zur Gindelalm, die am Rande einer Almwiese liegt.
Ein Almfahrweg leitet durch Wald hinab in die Hennerer Au. Wir folgen ein Stück der Fahrstraße bis zum Ortsende von Breitenbach, wandern rechts am gleichnamigen Bach entlang, dann links über diesen, auf der Straße rechts und wieder links, über die Bahngleise am Freudenberg. Dort wieder links hinab und den rechts

Auf dem Neureuthhaus am Ostiner Berg ist ganzjährig Betrieb.

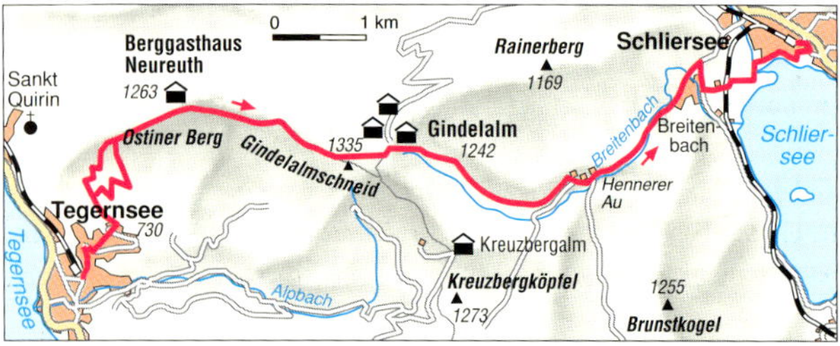

wegführenden breiten Weg links um den Sportplatz. 200 Meter dahinter rechts über eine Brücke und schließlich in die Ortsmitte von Schliersee.

Tipp Im Kurgarten von Tegernsee ist das Olaf-Gulbransson-Museum, das dem Karikaturisten des »Simplizissimus« gewidmet ist. Außer November Di–So 14–18 Uhr geöffnet.

Anfahrt Mit PKW: A 8 bis zur Ausfahrt Holzkirchen, Landstraße nach Tegernsee. Parkplatz am Bahnhof oder am oberen Ende der Max-Joseph-Straße. Mit Bahn/Bus: Tegernsee ist Endstation der BOB. Rückfahrt von Schliersee mit Zug; Rückkehr nach Tegernsee mit dem RVO-Bus.
Zeit Anstieg zur Neureuth 1 1/2 Std., Übergang zur Gindelalm 1/2 Std., Abstieg nach Schliersee 1 1/2 Std.; insgesamt 3 1/2 Std.
Charakteristik Leicht. Zu Beginn Ortsstraße, dann steiler Treppensteig, im oberen Teil guter, breiter Wanderweg, im Abstieg Wirtschaftswege. Höhenunterschied: 550 Hm im Anstieg wie im Abstieg.
Einkehr/Unterkunft Neureuthhaus, 1263 m (Mo. Ruhetag, zum Jahresende ein paar Wochen geschlossen; Gindelalm, 1242 m (drei Almhütten, bewirtschaftet von Juni bis Oktober; Übernachtung in Gindelalm II möglich).
Karte TK 1:50 000 Mangfallgebirge (BLVA).

10 Buchsteinhütte (1260 m)

Eine Umrundung der beiden Tegernseer Paradeberge Roß- und Buchstein mit zwei abwechslungsreichen Rückkehrvarianten – eine alpine und eine leichte.

Vom Parkplatz an der Achenseestraße folgt man dem nur langsam ansteigenden Almfahrweg durch Wald Richtung Norden. Alle Wegverzweigungen nach links oder rechts (nach Kreuth) ignoriert man. Parallel zum Almfahrweg (links über die Brücke) verläuft ein Wanderweg bis kurz vor die Schwarzentennalm, dieser zweigt schon wenige Minuten nach dem Parkplatz links ab und verläuft immer in Nähe des Baches.

Nach einer knappen Stunde wird der Wald lichter, das Tal weitet sich, und schon bald erreicht man

die Almwiesen der Schwarzentennalm. Dort zweigt dann auch der ausgeschilderte Hüttenweg zur Buchsteinhütte ab. Hier links über die Brücke und in weiten Kehren auf Forstweg durch Wald bergwärts, bis rechts der Hüttenweg abzweigt. Weiter durch Wald, dann an einer Lichtung vorbei hinauf zur Buchsteinhütte.

Jenseits der Hütte auf Wanderweg weiter zunächst durch Wald, dann über Bergwiesen in den kleinen Sattel südlich der Roßsteinalm. Hier bieten sich zwei Möglichkeiten an:

a) Entweder links über den grasigen Kamm rechts am Roßstein vorbei zum Brotzeitfelsen (wo der anspruchsvollere Steig zur Tegernseer Hütte abzweigt). Dann leicht fallend zum Sonnbergalm-Hochleger und rechts bald steil hinab durch Wald zur Achenpassstraße und links haltend kurz an der Straße entlang, bis rechts eine Brücke über die Weißach führt.

Auf der rechten Seite des Baches zurück zum Parkplatz »Klamm«.
b) Oder jenseits auf dem breiten Wirtschaftsweg (oder dem alten Hüttenweg, Mark.-Nr. 633) durch Wald hinab zur Röhrelmoosalm. Dort links der Markierung 631 folgend entlang des Schliffbaches – immer durch Wald – hinaus zur Achenpassstraße. Mit Bus zurück zum Ausgangspunkt bzw. nach Tegernsee. Oder kurz an der Straße entlang, dann rechts über die Brücke und entlang der Weißach zurück zum Ausgangspunkt.

Tipp

Wer zum Ende der Tour noch einkehren will, findet im Bereich von Bayerwald – direkt an der Straße – noch drei gemütliche Einkehrstellen, muss dann allerdings ein größeres Stück an der Straße entlang zum Parkplatz laufen.

Anfahrt Mit PKW: Salzburger Autobahn (A 8) bis Ausfahrt Holzkirchen, dann über Gmund, Bad Wiessee und Kreuth bis zum Parkplatz »Winterstube« (860 m) oder »Klamm«, 4,5 km hinter Kreuth. Mit Bahn/Bus: Mit der Oberlandbahn bis Bahnhof Tegernsee, dann mit dem RVO-Bus weiter in Richtung Achenpass bis Haltestelle »Klamm«.

Zeit Anstieg zur Buchsteinhütte 2 Std., Rückweg über den Brotzeitfelsen 2 Std., Rückweg über die Röhrelmoosalm 3 Std.; insgesamt 4 bzw. 5 Std.

Charakteristik Leicht. Bequemer und breiter Alm- und Hüttenfahrweg. Am Schwarzenbach entlang führt parallel zum Wirtschaftsweg ein Wanderweg, der aber nicht mehr im besten Zustand ist. Der Rückweg über den Brotzeitfelsen erfolgt auf Bergwanderweg, der Abstieg nach Bayerwald ist ziemlich steil; gemütlicher, aber länger ist der Weg über die Röhrelmoosalm, allerdings muss man dann ein längeres Stück an der Straße entlang zurücklaufen. Höhenunterschied: 680–700 Hm im Anstieg.

Einkehr/Unterkunft Buchsteinhütte, 1240 m (privat, ganzjährig bewirtschaftet, Mittwoch Ruhetag, im April geschlossen, 30 Betten, 20 Lager; Tel. 08029/244). Röhrelmoosalm, 1080 m (während der Weidesaison einfach bewirtschaftet). Gasthäuser an der Achenpassstraße.

Karte TK 1:50 000 Bad Tölz – Lenggries und Umgebung (BLVA).

11 Übers Lamsenjoch (1940 m)

Spektakulärer Übergang vom Falzthurntal ins Engtal mit prächtigen Ausblicken auf Sonnjoch, Lamsenspitze, Gumpenkarspitze und die Gamsjochgruppe. Endpunkt ist die populäre Almsiedlung in der Eng. Mehrere Einkehr- und Übernachtungsmöglichkeiten in der Eng.

Am Alpengasthof Gramaialm geht es rechts vorbei und auf unbefestigtem Wirtschaftsweg (Mark.-Nr. 201) durch den Gramaier Grund, dann zu Beginn noch mäßig ansteigend in das latschendurchsetzte Kar und in zwei Stufen in zahlreichen Serpentinen hinauf zum Östlichen Lamsenjoch.
Links haltend weiter zur Lamsenjochhütte, die in einem grandiosen Felskessel liegt. Von der Hütte auf dem ausgeschilderten Weg zunächst über das Östliche Lamsenjoch nahezu eben hinüber zum Westlichen Lamsenjoch (1940 m), dann am Hahnkampl vorbei (eine Überschreitung ist möglich, erfordert aber Trittsicherheit und Schwindelfreiheit) und hinab zu einer Wegverzweigung. Links weiter auf schönem Wanderweg hinab zur Binsalm (Niederleger, mit

Die Lamsenjochhütte liegt an einer wichtigen Wegkreuzung.

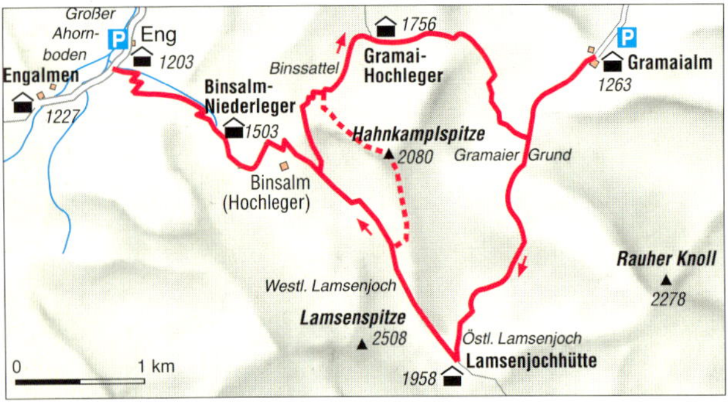

14 Zireiner See (1799 m)

Der Zireiner See ist ein alpiner Leckerbissen, in seinem Wasser spiegelt sich der höchste Rofangipfel – und dieses Motiv hat schon zahllose Fotografen beflügelt.

Von der Bergstation der zweiteiligen Sonnwendjoch-Bergbahn (1790 m) steigen wir erst hinauf zum höchsten Punkt des Aussichtsgipfels Roßkogel (1940 m), bevor wir den Abstiegsweg zum Zireiner See einschlagen.

Wir halten uns auf der Kammhöhe und wandern eben in Richtung Westen, dann hinab zu einem Zaun, von dem aus wir einen ersten Blick auf den kleinen Bergsee werfen können.

Dann auf schmalem Pfad hinab zum See (bei Nässe Vorsicht!). Wir passieren diesen dann am Südufer und steigen jenseits leicht zum Marchgatterl (1905 m; Wegweiser) an. Hier oben bekommen wir Einblick in die wilden Seiten des Rofangebirges, denn die Nordseiten der höchsten Gipfel dieses Gebirges – Rofanspitze, Seekarlspitze und Hochiß – brechen hier steil zum Ampmoosboden ab. Dann gehen wir zurück zur Wegverzweigung oberhalb des Zireiner Sees, halten uns dann rechts und folgen einem schönen Wanderweg hinab zur Zireinalm (1698 m). Von dort folgen wir ein Stück der Almfahrstraße talwärts bis zur großen Linkskehre, dort beginnt der Wanderweg zur Bayreuther Hütte, die wir nun ansteuern; sie liegt aussichtsreich hoch über dem Inntal.

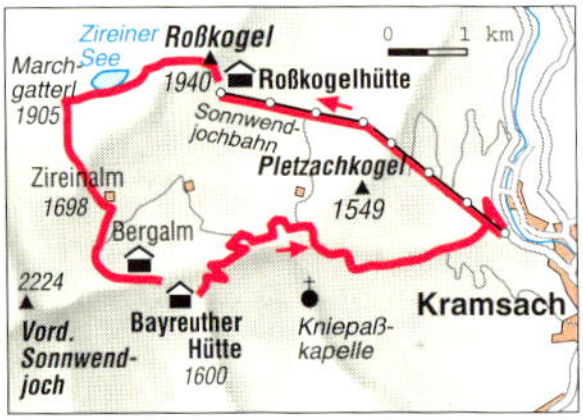

Unser Abstiegsweg ins Tal verläuft dann auf dem Hüttenfahrweg, wobei wir uns zunächst rechts halten, dann einen Seitenbach queren, dort wieder rechts und dann, noch vor Erreichen der Pletzachalm, den Wanderweg über das Pletzachgatterl nehmen. Weiter dann in steilen Serpentinen am Hergottstein und dem »Roten Gschöß«, einem gewaltigen Bergsturzgelände aus dem 4. Jahrhundert unserer Zeitrechnung, vorbei, bis wir wieder auf eine Forststraße treffen. Wir wandern auf dieser kurz abwärts und gehen dann links in einer großen Schleife hinab bis zur Talstation der Sonnwendjochbahn, unserem Ausgangspunkt.

Der idyllisch gelegene Zireiner See mit Rofanspitze und Hochiß.

Anfahrt Mit PKW: Salzburger Autobahn (A 8) bis Inntaldreieck, dann weiter Richtung Innsbruck bis zur Ausfahrt Kramsach. Die Talstation der Sonnwendjochbahn liegt am Nordwestende des Ortes (Hinweisschilder). Dort Parkplatz. Mit der Bahn: Anfahrt mit der Bahn über Kufstein bis Kramsach, dann zu Fuß zur Talstation der Bergbahn.

Zeit Bergstation Roßkogel – Zireiner See 1/2 Std., Zireiner See – Bayreuther Hütte 2 Std., Abstieg nach Kramsach 1 1/2 Std.; insgesamt: 4 Std.

Charakteristik Leicht. Bergwanderwege und Bergsteige. Nicht ausgesetzt, bei Nässe aber ein paar rutschige Passagen. Der Abstieg von der Bayreuther Hütte erfolgt zum Teil auf Almfahrwegen. Höhenunterschied: 200 Hm im Anstieg, 1390 Hm im Abstieg.

Einkehr/Unterkunft Berghaus Sonnwendjoch, 1790 m (bei der Bergstation, Bewirtschaftung während des Liftbetriebs). Bayreuther Hütte, 1600 m (AV-Hütte, bewirtschaftet von Pfingsten bis Mitte Oktober, 20 Betten, 46 Lager; Tel. 0043/663/9658542).

Karte f&b-Wanderkarte Nr. 321 im Maßstab 1:50 000 Achensee – Rofan – Unterinntal.

15 Auf den Taubenberg

Im Taubenberg befindet sich eines der großen Trinkwasserreservoires der Stadt München. Wir wandern bei dieser Tour also über ein unsichtbares Labyrinth aus Kanälen und Becken. Eindeutig sichtbar für Wanderer ist jedoch ein Gasthaus in Gipfelnähe und eine kleine Wallfahrtskapelle im Wald.

Da diese Tour sich besonders gut für eine Anreise mit der Oberlandbahn eignet, beginnen wir unsere Wanderung am Bahnhof in Oberwarngau. Von dort wandern wir zunächst zur Bahnhofstraße vor, biegen dann links in diese ein und erreichen nach Querung der Bundesstraße auf der Taubenbergstraße das kleine Dorf Oberwarngau.

In Oberwarngau kommen wir am Gasthaus »Zur Post« vorbei, gehen dort links vorbei in die Hauptstraße, halten uns gleich wieder links und biegen dann rechts in die Lindenstraße ab. Wir überschreiten eine kleine Brücke und setzen unsere Wanderung in der Auenstraße fort.

Nach ungefähr 200 Metern überschreiten wir rechts eine weitere Brücke, halten uns danach wieder links und haben damit den Aufstiegsweg zum Taubenberg erreicht, den wir nun im weiteren Verlauf kaum noch verfehlen können.

Schon bald nimmt uns der Wald auf, und auf einer schmalen Asphaltstraße erreichen wir wenig später eine Lichtung mit Hochspannungsmast. 50 Meter nach dem Ende der befestigten Straße folgen wir links einem Ziehweg durch Nadelwald.

Nach ungefähr einer halben Stunde bei einer Wegverzweigung gehen wir rechts hoch zu einem

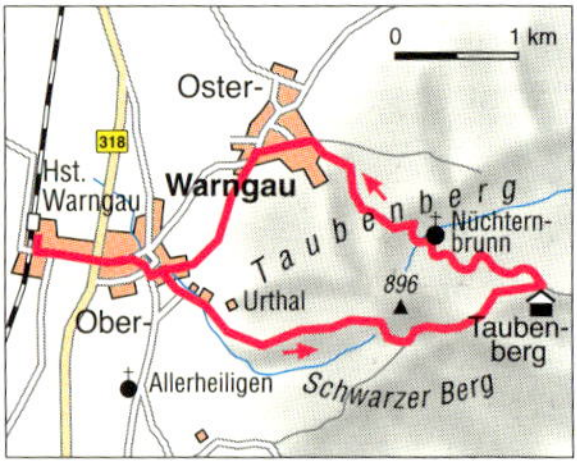

weiteren Ziehweg. Dort halten wir uns links und erreichen auf einer Forststraße den höchsten Punkt des Taubenbergs (896 m).
Rechts geht es dann am großen Wasserturm vorbei, bei einer Forststraße links hinab zum Berggasthaus Taubenberg. Wer Rast machen will, sollte das hier tun, denn das Berggasthaus ist für uns die einzige Möglichkeit zur Einkehr direkt am Weg.
Vom Gasthaus Taubenberg führt links ein Waldweg auf der Nordseite des Berges zur Kapelle Nüchternbrunn, die mitten im Wald steht. Vor der Kapelle gehen wir dann links hoch zur Kammhöhe, überqueren eine Forststraße und folgen nun den Kreuzwegstationen hinab nach Osterwarngau.
Am Ortsanfang biegen wir links auf den Nüchternbrunnweg ein und erreichen so die Hauptstraße. Dort biegen wir dann erneut links in einen Feldweg ein, der uns schließlich zurück zum Ausgangspunkt in Oberwarngau bringt.

Tipp

Zum Ausklang der Tour kann man noch nach Sachsenkam zum Kloster Reutberg fahren und bei schönem Wetter vom dortigen Biergarten aus den herrlichen Ausblick auf das Alpenvorland genießen – und eine Brotzeit mit Bier natürlich auch.

Anfahrt Mit PKW: Salzburger Autobahn (A 8) bis Ausfahrt Holzkirchen, dann weiter Richtung Tegernsee. Parkmöglichkeiten in der Ortsmitte von Oberwarngau. Mit der Bahn: Mit der Oberlandbahn zur Station Oberwarngau, dann zu Fuß zur Ortsmitte.
Zeit Oberwarngau – Berggasthaus Taubenberg 1 1/2 Std., Rückweg über die Kapelle Nüchternbrunn 1 1/2 Std.; insgesamt 3 Std.
Charakteristik Leichte Wanderung auf Fahrstraßen und Forstwegen, einige Passagen auch auf Bergwegen. Festes Schuhwerk wichtig. Höhenunterschied: 170 Hm im Anstieg wie im Abstieg.
Einkehr Berggasthaus Taubenberg, 860 m (ganzjährig bewirtschaftet). Gasthäuser in Oberwarngau und in Osterwarngau.
Karte TK 1 : 50 000 Mangfallgebirge (BLVA).

---

16 Maisinger Schlucht

Südwestlich von Starnberg hat sich nach der letzten Eiszeit ein Schluchttälchen eingegraben, das heute von Laubwald bedeckt ist und besonders im Herbst idyllisch ist.

Vom Bahnhofsplatz Starnberg hält man sich links und geht die Bahnhofstraße in einem Rechtsbogen zur Weilheimer Straße, überquert diese, hält sich kurz links und folgt der Söckinger Straße nach rechts. Leicht ansteigend weiter, bis nach 300 Meter links die Ottostraße in ein Wohngebiet abzweigt. Gleich bei der Straße Am Mühleich rechts und dann links in den Fenbergweg, wo man wieder auf die Ottostraße trifft.

Bald rechts in die Ringstraße und über Treppen in den Mühlgraben hinab zum ausgeschilderten Maisinger Schluchtweg. Hier links durch ein weites Wiesental und

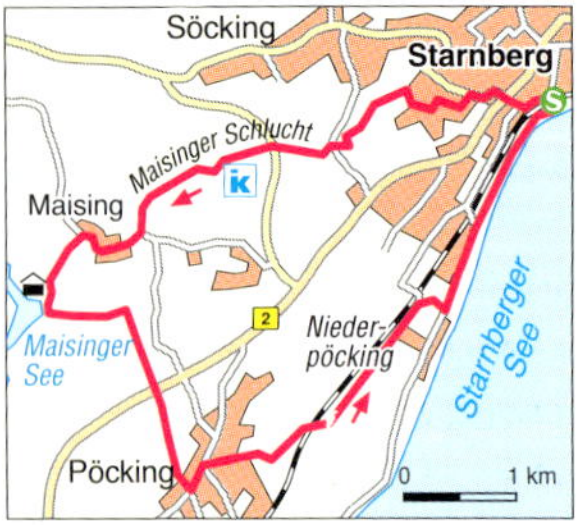

am Maisinger Bach entlang zur Mozartstraße. Über diese hinweg und kurz auf Wirtschaftsweg durch eine Wiese, dann in den Wald zum Schluchteingang.

Der Weg wechselt ein paar Mal die Bachseite und führt dabei durch das von Konglomeratfelsen durchsetzte, dicht bewaldete Tal. Man verlässt die Schlucht, steigt leicht an zur Fahrstraße nach Maising bis in den Ort. Kurz hinter der Pfarrkirche links auf dem Zufahrtsweg zum Maisinger See.

Wenige Meter links vom Gasthaus quert man den Maisinger Bach, geht bei der Wegabzweigung geradeaus und folgt dem Wanderweg (Mark. grünes Dreieck) zu einem querenden Feldweg; dort rechts weiter auf dem Maisinger Weg, unter der B 2 hindurch. Man trifft auf den Ascheringer Weg, folgt diesem nach links bis zur Hauptstraße, biegt dann links in die Alte Bahnhofstraße ein, auf dieser rechts weiter. Bald links in die

Der Rückweg über Pöcking führt durch reizvolle Bauernlandschaften.

Franz-Günther-Straße zum Ortsrand, wo man auf den Niederpöckinger Weg trifft. Auf diesem rechts durch Wald, einen Hang hinab, rechts über die Bahngleise zu einer Weggabelung. Links zum Moritz-von-Schwind-Weg. Auf diesem links zum Seeweg in Niederpöcking. Dann rechts hinab zur Possenhofener Straße. Links weiter zur Bahnunterführung, dann davor rechts dem Unteren Seeweg folgend, vorbei am Undosabad, zum Bahnhof in Starnberg.

Anfahrt Mit PKW: A 95 bis Dreieck Starnberg rechts weiter bis zum Autobahnende. In Starnberg P. Mit der Bahn: S 6 nach Starnberg.

Zeit Starnberg – Maisinger Schlucht – Maisinger See 2 Std., Maisinger See – Pöcking – Starnberg 2 Std.; insgesamt 4 Std. Man kann auch von Pöcking nach Possenhofen (S-Bahn) wandern und die Tour abkürzen.

Charakteristik Leichte Wanderung auf Wander- und Wirtschaftswegen sowie Nebensträßchen. Höhenunterschied: 85 Hm.

Einkehr Gaststätte Maisinger See (mit Terrasse und Selbstbedienung). Weitere Möglichkeiten in Maising, in Pöcking und in Starnberg.

Karte TK Ammersee – Starnberger See 1:50 000 (BLVA).

---

17 Rund um den Staffelsee

Mit einem zwar langen, aber keineswegs anstrengenden Seerundwanderweg ist der sieben Quadratkilometer große Staffelsee für Wanderer bestens erschlossen.

Wer mit der Bahn kommt, beginnt am Bahnhof Murnau und geht auf der Seehauser Straße links zur Bahnunterführung und folgt der Bahnhofstraße zur Ortsmitte Seehausen. Bei der Pfarrkirche links und über die Dorfstraße und die Johannisstraße zum Parkplatz mit Bootsverleih und Gasthaus am Staffelsee. Dort ist ein guter Startplatz für diejenigen, die mit dem Auto unterwegs sind.

Rechts auf dem Seeuferrundweg zum Strandbad Seehausen. Links in die Sträßchen Roßpoint, Am Arnbach und Äußeres Seefeld, bis rechts der Staffelseerundweg weiterführt, wobei man sich an die Weg-Nr. 1 hält. Man erreicht Rieden, geht vor dem Schloss rechts, über die Straße Seehausen-Uffing hinweg, in das Bauerndorf. Am anderen Ortsende dem Wegweiser folgend, durch Wiesen zum Bahngleis; dahinter sofort links an diesem entlang in Richtung Utting.

Erneut über die Gleise und durch eine kleine Siedlung zur Murnauer Straße. Wenige Meter an dieser entlang, bis links im scharfen Winkel ein Sträßchen abzweigt. Auf diesen zu ein paar Häusern, direkt zum Strandcafé Alpenblick. Auf dem Zufahrtssträßchen rechts 100 Meter weiter, links in den Birkenweg, der am See entlangführt. Beim öffentlichen Bad trifft man auf eine Straße und folgt dieser nach links, vorbei an Segelclub und Campingplatz. Wo die asphaltierte Straße links abzweigt, geradeaus weiter auf unbefestigtem Weg. Über den »Steigenberg« wie-

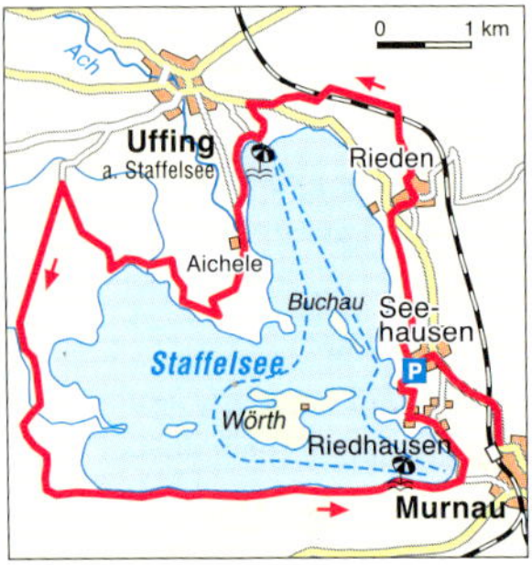

Hier kann man wandern, Rad fahren oder eben auch ein Boot mieten.

der hinab zum Seeufer und rechts an diesem entlang. Bei der nächsten Wegverzweigung links, bei der folgenden rechts, wo bald ein Sträßchen zum Wanderparkplatz Uffing führt. Dort links weiter durch den Tannenbachfilz in Richtung Obernach, bis links ein Kiesweg abzweigt. Auf diesem an der Ach entlang, über eine Brücke ins Obernacher Moos zu einer Wegspindel am Waldrand. Links (geradeaus) zum Süduferweg und weiter nach Murnau bzw. Seehausen.

Anfahrt Mit PKW: A 95 bis Ausfahrt Murnau/Kochelsee, dann Landstraße nach Murnau und über den Bahnhof weiter nach Seehausen, dort Parkplatz. Mit der Bahn: Über Weilheim nach Murnau.

Zeit Murnau – Uffing 2 1/4 Std., Uffing – Uffinger Parkplatz 1 1/4 Std., Rückkehr über das Obernacher Moos 3 Std.; insgesamt 6 1/2 Std.

Charakteristik Leichte, aber lange, gut ausgeschilderte Rundwanderung (21 km). Der Weg berührt das Seeufer nur teilweise, er führt durch Wiesen und Filze (Moore). Höhenunterschied: nur wenige Meter.

Einkehr Gasthäuser in Murnau. Strandcafé Alpenblick bei Uffing.

Karte TK Pfaffenwinkel – Staffelsee und Umgebung 1:50 000 (BLVA).

18 Geierstein (1491 m)

Diese Tour bietet sich vor allem im Sommer an, denn bis auf die letzten Meter am Gipfel erfolgt der Aufstieg wie der Abstieg in angenehm schattigem Wald, und sie bietet im oberen Teil reizvolle Talblicke.

In der Ortsmitte bzw. vom Bahnhof Lenggries folgen wir zunächst der Karwendelstraße in Richtung Süden, biegen dann am großen Parkplatz links in den Großherzogin-Anna-Weg ein, der uns nach Hohenburg führt.

Am Fuß des Kalvarienbergs dann nach links abbiegen (Wegweiser). Wir wandern durch schattigen Wald hinüber zum waldumrahmten Schlossweiher. Dort links ein Stück am Ufer entlang, bis wiederum links der ausgeschilderte Weg zum Geierstein abzweigt.

Wir folgen nun dem guten und zu Beginn noch breiten Weg durch Mischwald bergan. Nach etwa 10 Minuten mündet rechts ein Weg

von Hohenburg ein. Links weiter – immer bergwärts – den Markierungen folgend höher zu einer Wegverzweigung. Die Wegtafel zeigt nach links: Wir steigen weiter durch Wald bergan und erreichen bald eine Kammhöhe. Jetzt auf diesem allmählich schmaler werdenden Kamm weiter. Rechts bietet sich ein Durchblick zum Seekarkreuz.

Weiter geht's über eine felsige Kuppe im Kamm, dann leicht abwärts zu einer Lichtung; jenseits weiter durch Wald. Wir treffen nun auf ein paar Schrofen, die wir nach rechts auf einem Treppenweg umgehen.

Weiter oben erreichen wir einen schönen Aussichtspunkt mit Sitzgelegenheit und genießen den herrlichen Tiefblick ins Lenggrieser Tal. Dann steigen wir auf dem schmalen Kamm weiter.

Die bald folgenden Gipfelfelsen umgehen wir rechts und gelangen über schrofige Passagen durch Wald und Latschen hinauf zum Gipfel des Geierstein mit Kreuz. Vom Gipfel folgen wir dann den Wegtafeln in Richtung »Lenggries/Fockenstein« auf der anderen Bergseite.

Zunächst auf dem felsigen Kamm weiter, dann in Serpentinen steil hinab über freies Gelände zu einer Wegverzweigung. Links nun eben weiter auf Holzbohlen durch sumpfiges Gebiet und zu einer Waldlichtung.

Rechts haltend über die Lichtung hinweg, leicht fallend auf der Kammhöhe durch schönen Fichtenbestand und dann links weiter in Serpentinen über zahllose Treppen hinab zu einem Wildzaun. An diesem rechts entlang durch Mischwald, anschließend durch jungen Fichtenwald und hinab zum Waldrand mit schönem Blick auf Lenggries.

Rechts am Bach entlang weiter talwärts und zuletzt auf Wirtschaftsweg nach Lenggries, das wir beim Erlebnisbad »Isarwelle« erreichen. Dort links die Straße entlang und zurück zum Bahnhof von Lenggries.

Tipp

In Lenggries gibt es das Freibad am östlichen Ortsrand sowie das Erlebnisbad »Isarwelle«. Vor allem mit der »Isarwelle« kann man im Sommer bei wandermüden Kindern punkten.

Anfahrt Mit dem Auto: Salzburger Autobahn (A 8) bis Ausfahrt Holzkirchen, dann weiter auf Landstraße über Holzkirchen und Bad Tölz nach Lenggries (679 m). Gebührenfreie Parkplätze gibt es z. B. an der Karwendelstraße und am Erlebnisbad »Isarwelle«. Mit der Bahn: Mit der Oberlandbahn bis zum Endbahnhof Lenggries.

Zeit Lenggries – Hohenburg – Geierstein 2 1/2 Std., Abstieg über den Griesler Berg 2 Std.; insgesamt 4 1/2 Std.

Charakteristik Mittel. Schattige Bergwanderwege und Bergsteige, Trittsicherheit vorausgesetzt. Höhenunterschied: 812 Hm im Anstieg.

Einkehr Unterwegs keine. Gaststätten in Lenggries.

Karte TK 1 : 50 000 Bad Tölz – Lenggries und Umgebung (BLVA).

---

19 Wank (1780 m)

Die Abstiegsrunde über Esterbergalm und Gschwandtnerbauer bietet uns neben gemütlichen, ganzjährig geöffneten Einkehrstellen ein phantastisches Bergpanorama.

Die Kleinkabinenbahn bringt uns bequem hinauf zum Wank. Vom Wankhaus führt ein Weg (markiert W3) in nordwestlicher Richtung – dem Bergrücken folgend – hinab zur Esterbergalm.

Je weiter man absteigt, desto mehr hält sich der Weg in östlicher Richtung. Nach etwa einer Stunde und 500 hinabgewanderten Höhenmetern trifft man auf den breiten Weg, der von Partenkirchen zur Esterbergalm (1264 m) führt. Ihm folgt man ein paar Minuten in östlicher Richtung, bis man die ganzjährig bewirtschaftete Alm erreicht. Alles ist hier geboten: eine einladende Alm samt Kapelle, schöne Aussicht und das Gefühl, viel Zeit zu haben.

Der ausgeschilderte Weg beginnt direkt bei der Kapelle und führt in südlicher Richtung über die Wiesen bis zum Waldrand, dann zwischen Wank und Rotenkopf weiter zum höchsten Punkt des Bergeinschnitts.

Jenseits durch den Häuslgraben hinab, bei den nächsten zwei Wegverzweigungen halten wir uns jeweils rechts und gelangen so zum Gschwandtnerbauer (1020 m), der auf einer aussichtsreichen Bergwiese liegt.

Nach der Einkehr wandern wir ein kurzes Stück auf dem Weg zurück und folgen dem linken Abzweiger durch Wald hinauf bis zum Steinbühel (1150 m). Wir orientieren uns dabei an dem Wegweiser zur

Im Hintergrund des Gschwandtnerbauers – das Karwendel.

»Gamshütte«. Wir stoßen auf eine Forststraße, verlassen diese aber gleich wieder nach rechts und wandern in die Schalmerschlucht, wo uns ein kleiner Wasserfall erwartet. Im weiteren Verlauf gelangen wir dann zum Antoniuskircherl. Auf dem Philosophenweg kehren wir zurück zum Ausgangspunkt.

Anfahrt Mit PKW: A 95 nach Garmisch und weiter zum Ortsteil Partenkirchen. Dort links Auffahrt zur Talstation der Wankbahn. Großer Wanderparkplatz. Mit Bahn/Bus: Mit dem Werdenfels-Takt nach Garmisch-Partenkirchen, dann mit dem Stadtbus zur Talstation der Wankbahn.

Zeit Abstieg vom Wank zur Esterbergalm etwa 1 Std., Abstieg über Gschwandtnerbauer und Gamshütte 3 Std.; insgesamt 4 Std.

Charakteristik Mittel. Gute Bergwege und Bergsteige, die allerdings an einigen Stellen Trittsicherheit erfordern. Einkehr Wankhaus, 1780 m (bewirtschaftet von Weihnachten bis Ostern und von Anfang Mai bis Mitte November). Höhenunterschied: 1260 Hm im Abstieg, 220 Hm im Anstieg.

Einkehr Esterbergalm, 1264 m (ganzjährig bewirtschaftet). Gschwandtnerbauer, 1020 m (ganzjährig bewirtschaftet, Montag Ruhetag).

Karte TK 1:50 000 Werdenfelser Land (BLVA).

20 Krüner Alm (1621 m)

Die Krüner Alm im Estergebirge ist die Hochalm der Finzalm und wird mit dieser im Wechsel bewirtschaftet. Von dort oben bieten sich herrliche Panoramablicke auf das Karwendel und das Wettersteingebirge.

Von der Ortsmitte in Wallgau wandert man zunächst zum Haus des Gastes und folgt dann dem Wirtschaftsweg, der an den Wiesenhängen des Krepelschrofens seinen Ausgang nimmt (Ausschilderung »Wallgauer Alm«, »Krüner Alm«).

Der breite Weg verzweigt sich nach etwa 30 Minuten. Dort biegt man nach links auf einen abwechslungsreicheren und etwas steileren Waldweg ein. Der Weg streift bald wieder die Forststraße, hält sich aber weiterhin separat

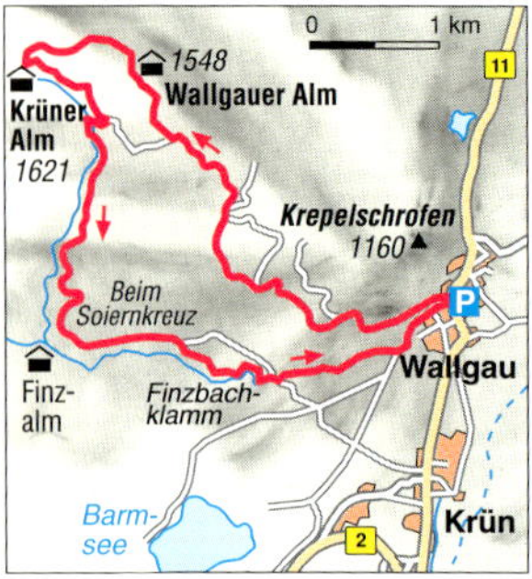

und führt linker Hand im Wald empor. Erst bei der nächsten Einmündung in eine andere Forststraße, dort, wo sie eine scharfe Linkskehre beschreibt, geht man auf dieser weiter. In nordwestlicher Richtung weiter bis zu ihrem Ende, wo ein markierter Steig zur Krüner Alm (1621 m) hinaufleitet. Hier bringen die Krüner Bauern ihr Jungvieh herauf. Und neben der gemütlichen Einkehr gibt es eine herrliche Aussicht auf das Wettersteingebirge und das Karwendel zu bewundern.

Für den Abstieg empfiehlt sich eine zwar nicht kürzere, aber umso reizvollere Route: Von der Krüner Alm wandern wir zunächst eine gute halbe Stunde auf dem Anstiegsweg zurück, bis von der Forststraße rechts ein Fahrweg abzweigt. Auf diesem durch den Altgraben hinab zu einer quer führenden Forststraße. Auf dieser dann rechts oberhalb des Finzbaches ostwärts. Bei der Weggabelung rechts weiter hinaus Richtung Krün, wo wir dann auf den Wegweiser zur Finzbachklamm treffen. Der kleine Abstecher ist es wert. Wir folgen den roten Markierungen hinab in den Talboden des Finzbachs und wandern dann rechts zur Klamm.

Die Klamm ist nur zum Teil zugänglich, sie soll jedoch in den nächsten Jahren in ihrer ganzen Länge erschlossen werden.

Tipp 1

Im Wallgau lassen sich sehr schöne »Lüftlmalereien« bewundern. Bestes Beispiel ist die »Alte Post« aus dem Jahre 1621, die aber erst im Jahre 1763 durch Franz Karner ihr heutiges Aussehen erhielt.

Tipp 2

Wer die Wanderung früh begonnen hat, kann vom Abstiegsweg aus noch einen reizvollen Badeabstecher zum Nordwestufer des Barmsees einlegen. Auf buckligen Wiesen genießt man dort ungestört von jeglichem Verkehr das Panorama der Karwendelberge. Wer es bequemer mag und gerne einen Kiosk hätte, ist am Grubsee gut aufgehoben. Dort kostet es zwar Eintritt, dafür gibt es aber auch eine Rutsche für Kinder.

Anfahrt Mit PKW: Garmischer Autobahn (A 95) bis Ausfahrt Murnau/Kochelsee, über Kochel und Kesselbergstraße bzw. Garmisch und Klais nach Wallgau (866 m). Am Westende des Orts in Richtung Kurgästehaus und Tennisplätze, dort Parkmöglichkeit. Mit Bahn/Bus: Mit der Oberlandbahn bis Kochel, dort mit dem RVO-Bus nach Wallgau (bzw. von Garmisch).

Zeit Wallgau – Krüner Alm 3 Std., Abstieg über die Finzbachklamm 3 Std.; insgesamt 6 Std.

Charakteristik Mittel. Wirtschaftswege und Bergwanderwege. Die Tourlänge erfordert etwas Kondition. Höhenunterschied: 755 Hm im Anstieg wie im Abstieg.

Einkehr Krüner Alm, 1621 m (Brotzeit und Getränke im Juli und August).

Karte TK 1:50 000 Werdenfelser Land (BLVA).

---

21 Reintalangerhütte (1366 m)

Eine verträumte Alpenvereinshütte und ein einzigartiger »Lido« in einem der großartigsten Hochtäler der Alpen. Wo kann man sonst noch seine Füße in den Gebirgsbach (die Partnach) hängen und eine kühle Mass dazu trinken?

Vom Olympischen Skistadion in Garmisch folgt man eine knappe halbe Stunde lang dem asphaltierten, aber gesperrten Fahrsträßchen nahezu eben zum Eingang der Partnachklamm (diese Strecke kann auch mit Pferdedroschken zurückgelegt werden).

Nach Entrichtung einer kleinen Gebühr nimmt einen sofort die dunkle und feuchte Klamm auf. Durch Tunnels und auf einem mit Geländern gesicherten breiten Weg durchschreitet man die gewaltig tosende und beeindruckende Klamm (mit nassem Hemd muss gerechnet werden), die kaum Licht von außen eindringen lässt. Nach 20 Minuten wird man aber schon wieder ins grelle Tageslicht entlassen.

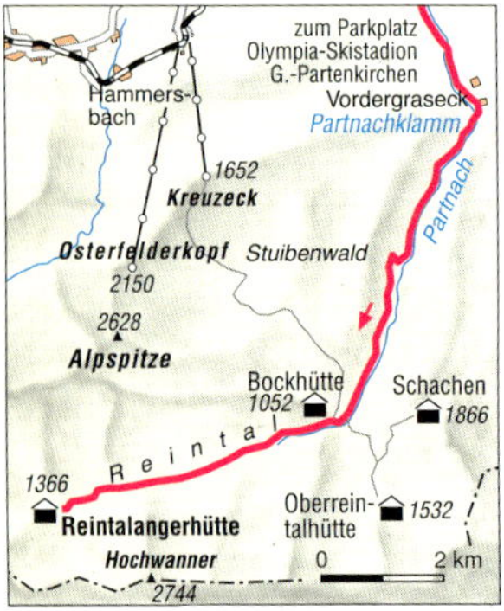

Weiterhin auf breitem Wanderweg der Partnach entlang leicht ansteigend höher (von links mündet bald der steile Weg vom Berggasthaus Eckbauer ein) bis zum Steg über den Ferchenbach (Wanderverkehrsknotenpunkt! Zahlreiche Wegweiser). Rechts auf der breiten Forststraße weiter, über die Partnach und auf überwiegend schattigem Weg – immer der Partnach entlang – ins Reintal. Der Weg steigt ständig leicht an und ist immer gut ausgeschildert. Man passiert eine Wegabzweigung und

Der »Lido« ist das Markenzeichen der Reintalangerhütte.

Der Weg zur Reintalangerhütte ist weit, führt aber durch eine aufregende hochalpine Landschaft.

entfernt sich allmählich von der Partnach (nächste Abzweigung nach links ignorieren). Der breite Forstweg steigt etwas steiler an und erreicht (nach zwei Verzweigungen; hier immer links halten) das Ende der Fahrstraße bei einem Lagerplatz (Materiallager für die Reintalangerhütte).

Nun auf schmalerem Weg weiter – hoch über der Hinterklamm – bald fallend hinab zur Partnach, bald über diese hinweg auf die andere Seite und leicht ansteigend durch schönen Hochwald bergan. Man überquert den Reintalbach und kurz darauf wieder die Partnach und steht unmittelbar nach der Brücke vor der Bockhütte (1052 m; 3 Std.), die gerade zur rechten Zeit zur Einkehr lädt. Hier öffnet sich das Tal und zeigt die ersten Felsen des Reintals.

Auf angenehm ebenem und freiem Wanderweg (Mark.-Nr. 801) talein und vorbei an den »Quellen der Sieben Sprünge«. Man verlässt nun die Partnach wieder (sie versickert zwischendurch), steigt durch schönen Wald weiter leicht

älle

**ı der Ammer bietet ein Naturschau-
r Art: Gespeist von einer Quelle im
/asser in schleierartigen Wasserfäden
ün einer moosbesetzten Felswand.**

r Fahr-
über
queren
ke die
t links
treffen
r. Hier
»W 7«
ıts steil
E-Werk
und in
einem
er und
ander-

weg hinauf zur Ammerleite. An der Wegverzweigung halten wir uns rechts und wandern überwiegend am Waldrand entlang weiter. Links sehen wir den Weiler Peustelsau. Der Weg ist nun nur noch schwach mit roten Farbpunkten markiert. Abwechslungsreich führt der Weg im Auf und Ab durch Wald, quert ein paar Bachläufe mittels kleiner Brücklein.

Nach etwa einer Dreiviertelstunde treffen wir auf eine kleine Waldlichtung, dort müssen wir uns links halten. Auf undeutlichem Steig nun hinab, wo wir wieder auf einen Wegweiser und eine Informationstafel treffen (von links mündet der Zugangsweg von Hargenwies ein). Rechts auf angelegtem Steig durch Wald hinab – nun wieder gut ausgeschildert – ans Ufer der Ammer, wo wir direkt auf die Schleierfälle treffen, die wir jetzt aus nächster Nähe betrachten können. Aber bitte nicht betreten!

bergan und erreicht diese erst wieder bei der »Blauen Gumpe«, einem Rastplatz mit Sitzbank (links vom Weg). Man folgt weiter dem Talboden, steigt dann in Kehren über den folgenden Talriegel durch offeneres Gelände hinweg (schöner Wasserfall der Partnach) und erreicht durch ein Waldstück die Reintalangerhütte.

Tipp 1
Die Partnachklamm kann gegen Gebühr auch im Winter durchwandert werden. Ein unvergleichliches Naturschauspiel! Während der Schneeschmelze ist die Klamm allerdings geschlossen.

Tipp 2
Die Reintalangerhütte bietet sich für eine Übernachtung in hochalpiner Umgebung an, zudem sich Hüttenwirt Charly Wehrle aufs Hackbrettspielen versteht. Und auch seine Hüttencrew ist nicht nur gastronomisch versiert, fast jeder spielt ein Instrument.

Anfahrt PKW: A 95 bis zum Ende, nach Garmisch-Partenkirchen, dort der Ausschilderung zur Kreuzeckbahn bzw. zum Olympischen Skistadion folgen. Großer Parkplatz. Mit Bahn/Bus: Mit dem Werdenfels-Takt nach Garmisch-Partenkirchen und vom Bahnhof mit dem Ortsbus zum Olympischen Skistadion.

Zeit Garmisch-Partenkirchen – Reintalangerhütte 5 Std., Abstieg 4 Std.; Insgesamt 9 Std. Auf dieser Tour unbedingt eine Übernachtung einbauen.

Charakteristik Leicht, aber lang. Der Weg durch die Partnachklamm erfolgt auf angelegtem, mit Geländer gesichertem Steig. Die Wanderung durch das Reintal erfolgt zunächst auf breiten Forstwegen, dann auf guten Bergwanderwegen. Ideal für Nicht-Schwindelfreie, trotz des alpinen Rahmens. Höhenunterschied: 700 m Hm im An- und Abstieg.

Einkehr/Unterkunft Reintalangerhütte, 1366 m (AV-Hütte, bewirtschaftet Ende Mai bis Mitte Oktober, 26 Betten, 64 Lager; Tel. 08821/2903). Bockhütte, 1052 m (privat, im Sommer einfach bewirtschaftet, Brotzeit, Suppe und Getränke). Gaststätten am Eingang zur Partnachklamm.

Karte TK 1:50 000 Werdenfelser Land (BLVA).

Der Pflegersee ist reizvoller Wendepunkt der Tour.

Mauerreste datieren bis ins 12. Jahrhundert zurück, doch das traurigste Kapitel der Burggeschichte wurde gegen Ende des 16. Jahrhunderts geschrieben. Auch hier wütete die Inquisition, und Frauen aus Mittenwald, Garmisch und Partenkirchen wurden der Hexerei verdächtigt, gefoltert und ins Verlies gesteckt.

Dann wandern wir den Zufahrtsweg ein Stück zurück und folgen dem links abzweigenden breiten Weg (Kramerplateauweg). Nun leicht fallend zu einem Holzlagerplatz, dort zweigt rechts ein schattiger Weg ab (Mark. K 9), dem wir jetzt folgen. Bei der nächsten Wegverzweigung geht es links haltend weiter auf schönem Waldweg zum Schmölzer See. Dort gibt es schöne Rastplätze mit Bänken und ein paar Informationstafeln, wo wir erfahren können, dass in diesem kleinen See sich nicht nur Karpfen, sondern sogar Hechte tummeln.

Wir umrunden den See nun im Linksbogen und wandern hinauf zur Pflegerseestraße, überqueren diese und wandern auf schönem, schattigem Höhenweg leicht an-

Kunstvoll gestalteter Wegweiser am Kramerplateauweg.

steigend hin
wieder der K
mündet.
Auf diesem l
bei an einem
Trinkwasser,
ren schöner
dachter Sitzl
zurück zum
der Almhütte

Anfahrt Mit
weiter Richt
am Kramerp
Bayernhalle
zum Pfleger
denfels-Takt
ginn des Kra
Zeit Anstie
tensteig zur
und dem Kr
Charakteris
Der Kellerlei
aber ebenfa
Einkehr Ga
Betriebsferi
Dienstag Ru
wirtschafte
schluss um
(ganzjährig
Kramerplat
Karte TK 1:

24 Schleier

**Das Naturdenkmal a
spiel ganz besonder
Uferhang rieselt das W
über das intensive G**

Vom Parkplatz am Ende d
straße (Informationstafe
das Naturschutzgebiet)
wir auf der schmalen Br
Ammer, halten uns zue
(vorbei am E-Werk) un
auf einen Wanderwegwei
gibt uns die Markierung
die Richtung vor. Nun rec
hinauf zum Kanal, der das
speist. Über die Brücke
den Wald. Wir queren au
Steg einen Zufluss der Am
steigen auf befestigtem

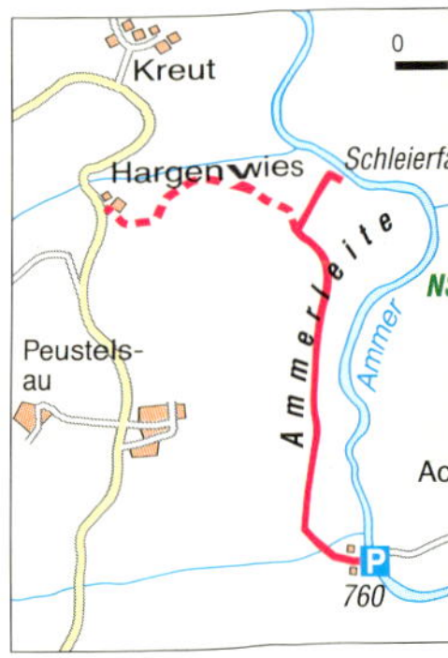

Zutritt verboten: Die Schleierfälle liegen in einem Naturschutzgebiet.

Anfahrt Mit PKW: A 95 bis Ausfahrt Murnau/Kochelsee, dann über Murnau und Bad Kohlgrub nach Saulgrub; dort links bis zur Bahnlinie, vor dem Übergang rechts in die Achelestraße und auf dem schmalen Sträßchen knapp 4 km bis zum Ende der Fahrstraße. Dort Wanderparkplatz. Mit der Bahn: Mit der Bahn über Murnau nach Saulgrub; von dort weiter zu Fuß.

Zeit Für Hin- und Rückweg 2 1/2 Std.

Charakteristik Leicht. Abwechslungsreicher Waldweg und angelegter Steig mit einigen kleinen Holzbrücken. Höhenunterschied: 70 Hm im Abstieg wie im Anstieg.

Einkehr/Unterkunft Unterwegs keine. Gasthof zur Post in Saulgrub. Naturfreundehaus Saulgrub, 843 m (ganzjährig geöffnet, 20 Betten, Montag Ruhetag; Tel. 08845/1715)

Karte TK 1:50.000 Pfaffenwinkel – Staffelsee und Umgebung (BLVA).

25 Rund um den Wankerfleck

Der Wankerfleck unterhalb der Kenzenhütte mit dem steil aufragenden Geiselstein ist einer der schönsten Plätze in den Ammergauer Alpen. Die Runde über den Geiselsteinsattel verheißt Abwechslung und Naturgenuss pur.

Interessanter als der etwas eintönige Anstiegsweg durchs Halblechtal und Lobental zur Kenzenhütte ist die Route über den Buchberg (1142 m): Man fährt mit dem Sessellift auf den kleinen Aussichtsgipfel (parallel dazu führt ein Wanderweg hoch) und wandert auf der anderen Seite (südwärts) auf

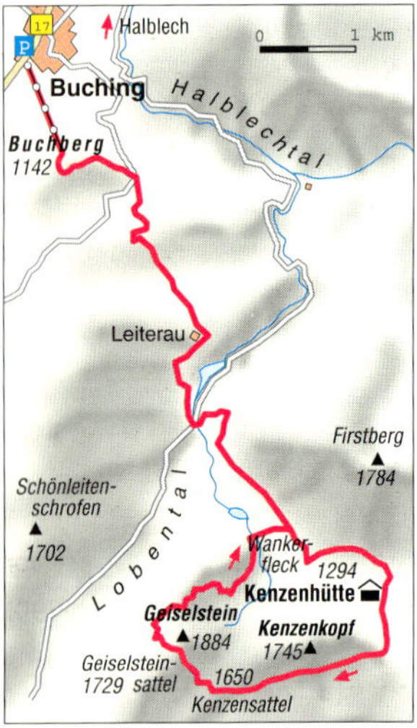

Wirtschaftsweg etwas hinab. Dann links haltend durch ein Waldstück und im Rechtsbogen zu einem Boden, wo man auf eine quer führende Straße trifft. Dort hat man einen schönen Blick ins Kenzengebiet.

Man hält sich kurz rechts und zweigt in den Forstweg zur Leiterau ab. Zuerst hinab in den Tiefenbachgraben, über eine Brücke und ansteigend durchs Waldgebiet der Leiterau (höchster Punkt 1103 m). Dann hinab ins Lobental. Auf einer Brücke überquert man den Lobentalbach und steigt jenseits durch Wald hinauf zur Fahrstraße Richtung Kenzen und weiter zur Hütte.

Von der Kenzenhütte wandert man am Kenzen-Wasserfall vorbei hinauf zum Kenzensattel (1650 m), auf schönem Höhenweg über die Böden des Gumpenkares und über Schuttreißen zum Geiselsteinjoch (1729 m). Jenseits in steilen

Serpentinen durch Latschenhänge hinab, bei der Wegverzweigung rechts weiter und in weiteren zahlreichen Serpentinen hinab zum Wankerfleck (1148 m) und zur Hüttenzufahrtsstraße. Dort gibt es eine Bushaltestelle. Von der Busabfahrtsstelle bei Halblech führt ein Wanderweg nach Buching. Wer talwärts wandert, kann bereits vorher auf Wirtschaftsweg nach Buching abzweigen.

Tipp

Zwischen Halblech und Kenzenhütte verkehrt für Wanderer ein Pendelbus, der die etwas langweilige Forststraße vermeiden hilft und die Wanderer bequem zu Tal bringt.

Anfahrt Mit PKW: Von München über Starnberg und Weilheim bzw. Landsberg und Schongau nach Steingaden und Halblech. Dort Hinweis auf den Kenzenbus bzw. weiter bis zum Parkplatz hinter Halblech an der Straße nach Füssen. Oder weiter nach Buching zur Talstation des Sessellifts. Mit Bahn/Bus: Mit der Bahn nach Schongau oder Füssen, dann weiter mit dem Bus nach Halblech bzw. Buching.

Zeit Zeit Anfahrt zur Kenzenhütte und Rückfahrt vom Wankerfleck ins Tal, jeweils etwa 1/2 Std. Anstieg von der Bergstation des Sessellifts zur Kenzenhütte, Anstieg zum Geiselsteinjoch von der Kenzenhütte 1 1/2 Std., Abstieg zum Wankerfleck 1 1/4 Std.; insgesamt knappe 4 Std.

Charakteristik Mittel. Der Hüttenweg zur Kenzenhütte ist Fahrstraße, also besser mit dem Pendelbus. Die Variante über den Buchberg ist abwechslungsreicher (Wirtschaftwege). Die Runde über das Geiselsteinjoch führt über alpine Bergsteige. Trittsicherheit Voraussetzung, etwas steile An- und Abstiege. Höhenunterschied: max. 970 Hm im Anstieg.

Einkehr/Unterkunft Kenzenhütte, 1294 m (privat, bewirtschaftet von Christi Himmelfahrt bis Mitte Oktober, 60 Lager; Tel. 08368/390). Restaurant auf dem Buchberg.

Karte TK 1:50 000 Füssen und Umgebung (BLVA).

Register

Impressum

Bildnachweis

G. Amberg: S. 35, 63; A. Dick: S. 2, 49; D. Fuchs: Titelfoto, S. 39, 66/67; St. Herbke: S. 27; K.H. Modlmeier: S. 19; K. Puntschuh: S. 31, 32; O. Schraml: S. 4/5; alle übrigen Fotos: H. Bauregger.
Titelfoto: Aufstieg über das Weitalpjoch zur Kenzenhütte.

Haftung

Autor und Verlag bemühen sich um zuverlässige Information. Fehler und Unstimmigkeiten sind jedoch nicht auszuschließen. Eine Garantie für die Richtigkeit der Angaben kann deshalb nicht gegeben werden. Eine Haftung für Schäden und Unfälle wird aus keinem Rechtsgrund übernommen.

Impressum

Der Südwest Verlag ist ein Unternehmen des Verlagshauses
Ullstein Heyne List GmbH & Co. KG, München

Projektleitung: Dr. Harald Kämmerer
Umschlag und Layout: Reinhard Soll
Satz: Mihriye Yücel, Wörthsee
Kartografie: Achim Norweg, München
Produktion: Angelika Kerscher, Gabriele Kutscha

Druck und Bindung: Druckerei Uhl, Radolfzell

ISBN 3-517-06679-6